Für meine Freunde in Rumänien,
speziell Oana aus Bukarest,
alle lernfaulen Leute und die Witzbolde.

Pentru prietenii mei din România,
în special Oana din Bucureşti,
toţi studenţii leneşi şi jokerii.

Ulrich Greiner-Bechert

Rumänisch lernen mit Witz

Rumänische Witze, Wort für Wort übersetzt

Impressum

Rumänisch lernen mit Witz
Rumänische Witze, Wort für Wort übersetzt

von
Ulrich Greiner-Bechert

Titelfoto:
© Vadymvdrobot | Dreamstime.com

Bibliografische Information
der Deutschen Nationalbibliothek:
Die Deutsche Nationalbibliothek verzeichnet diese
Publikation in der Deutschen Nationalbibliografie;
detaillierte bibliografische Daten sind im Internet über
http://dnb.d-nb.de abrufbar.

Autor und Buchgestaltung:
© 2018 Ulrich Greiner-Bechert, Mannheim

Herstellung und Verlag:
BoD-Books on Demand, Norderstedt

ISBN: 9783752804997

Inhalt

Übersetzung Wort für Wort

Man kann ganz viele Wörter lernen, indem man stur die Vokabeln büffelt. Aber es ist mühsam.

Einfacher kann man sich Vokabeln merken, wenn man die Wörter in einer Redewendung oder in einem Satz wiederfindet, den man als Ganzes versteht.

In den Sätzen findet man auch verschiedene grammatikalische Formen der Wörter in einem in der Alltagssprache häufig gebrauchten Zusammenhang.

Also habe ich mir Bücher beschafft, in denen die Geschichten auf zwei Sprachen zu lesen sind.

Leider mußte ich feststellen, dass die anspruchsvolle Übersetzung wenig geholfen hat, die Vokabeln richtig und schnell zu lernen.

Weil bei der freien, lesetauglichen Übersetzung für ein Buch manchmal nicht alle Worte aus dem Rumänischen ins Deutsch übersetzt werden. Oder andere Worte verwendet werden, weil ein Deutscher es eben anders sagen würde.

Auf den folgenden Seiten gebe ich Beispiele.

Wortwörtliche Übersetzung hilft mehr

Hier ein Beispiel aus einem Buch, dessen Namen ich absichtlich nicht nenne:

Când eram copil, la noi acasă, in fiecare zi, la prânz, se servea supă.

Dieser Satz wurde fürs Buch wie folgt übersetzt: Als ich ein Kind war, gab es bei uns jeden Mittag Suppe.

Hmm. Den rumänsichen Satz kann man so übersetzen und jeder Deutsche begreift, was auf Rumänisch gesagt wurde.

Aber es wurden nicht alle Worte aus dem Rumänischen ins Deutsche übersetzt. Oder finden Sie im Deutschen Satz die Übersetzung der Worte acasă, prânz und servea?

Das Buch wurde im Rahmen eines Uni-Projektes von einer Professorin und Germanistik Studenten übersetzt. Ich bin überzeugt, dass die rumänischen Studenten dabei viel gutes Deutsch gelernt haben. Ich mag das Buch auch.

Wenn ich zweisprachige Bücher lese, dann lese ich zunächst den rumänischen Text und wenn ich etwas nicht verstehe, lese ich den deutschen Text, damit ich dort die Übersetzung des Wortes finde, das ich nicht verstanden hatte.

Aber was passiert dann manchmal? Genau das Wort, das ich nicht kannte, habe ich im deutschen Satz dann nicht gefunden. Es wurde gar nicht übersetzt. Zum Beispiel weil es nicht übersetzt werden musste, um den Sinn des Satzes zu verstehen.

Daher bevorzuge ich zum Lernen von Vokabeln die wörtliche Übersetzung. Auch wenn es dann auf Deutsch etwas grausam klingt.

Hier nun meine wörtliche Übersetzung des Satzes:

Când eram copil,	Als ich war ein Kind,
la noi acasă,	bei uns zu Hause,
în fiecare zi,	an jedem Tag,
la prânz,	zum Mittagessen,
se servea supă.	man servierte Suppe.

Ich glaube, Sie verstehen was ich meine.
„În fiecare zi" kann man auch mit „täglich" übersetzen, aber man hat dann nie die Vokabel für „fiecare" gelernt.
Man könnte aber genau dieses Wort ja auch einmal in einem anderen Zusammenhang brauchen. Z.B. „În fiecare sat." „In jedem Dorf.

Nur durch meine holprige, wortwörtliche Übersetzung haben Sie nun auch die Vokabel für „Mittagessen" gelernt.

Hier noch ein Beispiel:

Florin este un copil în vârstă de 12 ani.

Im Buch wie folgt übersetzt:
Florin ist ein 12-jähriger Junge.

Wörtlich:
Florin ist ein Kind im Alter von 12 Jahre.

Die wörtliche Übersetzung verrät uns, dass
„vârstă" das „Alter" ist, „ani" die „Jahre"

Sorry, copil heißt Kind und nicht Junge. Junge
heißt auf Rumänisch ganz anders, nämlich băiat.

Ein Bild sagt mehr als 1000 Worte

Erst durch die wortwörtliche Übersetzung habe ich auch eine Vorstellung davon, welche „Bilder" durch die Worte entstehen. Jeder weiß, dass man sich Dinge besser merken kann, wenn man sie sich bildlich vorstellen kann.

Als erstes Beispiel verwende ich nun eine Redewendung aus dem Englischen:
It is raining cats and dogs.
Wörtlich: Es ist regnend Katzen und Hunde.
Frei: Es gießt in Strömen. / Es schüttet...

Sind das nicht fantastische Bilder?
Als Deutscher sehe ich Tiere vom Himmel fallen und der Engländer stellt sich vor, dass oben jemand eine Gießkanne hat und ganze Flüsse / Ströme auf uns gießt. Oder ausschüttet. Weil wir Deutschen ja manchmal sagen: „Es schüttet wie aus Eimern", statt: „Es regnet stark."

Weil wir jetzt aber Rumänisch lernen wollen, das folgende Beispiel:
Rumänisch: Ai vasut vreodata un drag mort?
Wörtlich:
Hast du gesehen jemals einen Teufel tot?
Welch ein Bild! Deutsch, sinngemäß übersetzt:
Unkraut vergeht nicht.
Oder: Schlechten Menschen geht's immer gut.

„Va rog" heißt nicht nur „Bitte"

Jetzt muß ich noch eine Anekdote erzählen, die
beweist wie wichtig es ist, dass man zunächst
einmal die wörtliche Übersetzung kennen sollte,
bevor man die übliche verwendet.

In einem freiwilligen Sprachkurs für Rumänisch
verwendete ich einmal die Worte:
„Am rogat un prosop".
„Ich habe erbeten ein Handtuch."

Ein Mitschüler fragte dann, was „rogat" heißt.
Ich antwortete: „Übersetz doch mal ‚te rog'".
Er: „Das heißt ‚bitte'".
Nein, eben nicht nur bitte. Genau heißt es:
„Dich ich bitte."
Und „Va rog" heißt „Sie ich bitte"
Es hat schon einen Sinn, dass die Rumänen zwei
Worte verwenden und nicht nur eines. Und man
sollte jedes der beiden Worte für sich verstehen
und übersetzen können.
Wer also die wörtliche Übersetzung von „te rog"
kennt, kann auch „rog" alleine verstehen.
Und wenn man weiß, wie Partizipien gebildet
werden, versteht dann auch „rogat", gebeten.

Ein Raucher ohne Feuerzeug zum anderen:
„Va rog frumos pentru un foc."
Wörtlich: „Sie ich bitte schön für ein Feuer."
Frei: „Können Sie mir bitteschön Feuer geben?"

Übersetzen Sie bitte „Va multumim"

Sie wissen aber schon was „Multumesc" heißt?
Danke. Nein, es heißt eben nicht nur „Danke."
Es heißt: „Ich danke".
Es steckt das Verb „danken" drin.
Das kann man konjugieren, wie jedes Verb.
„Te multumesc frumos."
„Dir ich danke schön."

Wenn Sie nach Ihrem Einkauf im Kaufhaus an
der Kasse bezahlt haben, dann sagt die höfliche
Kassiererin:
„Va multumim." = „Ihnen wir danken."

Am Ende einer Anweisung, zum Beispiel im
Flugzeug, aus Sicherheitsgründen das Handy
auszuschalten, hören Sie:
„Va multumim pentru intelegere."
„Ihnen wir danken für verstehen."
(Wir danken für Ihr Verständnis.)

Willkommen

Beim Betreten eines Kaufhauses oder eines Hotels lesen Sie ein Schild:
„Bine ati venit".

Man könnte es übersetzen mit: „Willkommen".
Ja, aber nur frei übersetzt.

Wörtlich: „Gut Sie haben gekommen."
Bitte beachten Sie das „haben"!
„Gut Sie sind gekommen" klingt zwar richtiger, aber die Rumänen sagen eben „ati = haben" und nicht: „Bine sunteti venit". Sunteti = Sie sind.

Sie betreten eine Kneipe, die Bedienung erkennt Sie wieder und sie sagt: „Bine ai venit".
„Gut du hast gekommen."
Aha, die Bedienung duzt Sie!

Excurs:
Und Sie antworten witzig, so daß es sich reimt:
„Bine t-am gasit."
„Gut dich ich habe gefunden."

Genug der Worte, jetzt bitte Witze!

Ich bin also der überzeugten Meinung, es muß
endlich einmal ein Buch geben, das konsequent
die wortwörtliche Übersetzung verwendet,
damit man viele Vokabeln auf einfache Art in
bildlich vorstellbarem Zusammenhang lernen
kann.
Einen ganzen Roman wortwörtlich zu
übersetzen ist aber sehr langwierig.

Witze dagegen sind kurz. Und witzig.
Also habe ich Witze übersetzt. Wortwörtlich,
und ich hatte einen schnellen Lernerfolg.

Rumänen können mit diesem Buch nur Worte
lernen. Deutsche erkennen durch die wörtliche
Übersetzung auch die Stellung der Worte im
Satz, so wie sie die Rumänen verwenden.

Ich bin kein studierter Übersetzer. Aber jedes
Wort einzeln übersetzen, das kann auch ein
Computerprogramm. Das hat mir manchesmal
geholfen. Aber noch bin ich besser in der
Wortwahl. Aber auch nicht ganz fehlerfrei.

Ich wage mich, dieses Buch zu veröffentlichen.
Den zu erwartenden schlechten Kritiken der
Profis zum Trotz.

In diesem Sinne: Viel Vergnügen.

Männer und Frauen-Witze, Ehewitze

Cineva sună la uşă, iar bărbatul deschide.
Moartea în faţa lui îi spune:
- Am venit după viaţa ta!
Bărbatul se întoarce şi-o strigă pe nevastă-sa:
- Viaţa mea! Pe tine te caută!

Jemand klingelt an Tür, und der Mann öffnet.
Der Tod im Angesicht seines ihm sagt:
„Ich habe gekommen nach Leben deinem!"
Der Mann sich umdreht und ihr ruft zu Ehefrau
seiner: „Leben meines! Zu dir, dich er sucht!"

„pe" heißt grundsätzlich „auf" und vieles
anderes, z.B. bei, zu, an, mit, durch, etc etc
Irgendwie kann man es nie richtig übersetzten,
außer wenn mit „pe" wirklich „auf" gemeint ist.

- Tată, de ce **te-ai căsătorit** cu mama?
Soţul se întoarce spre soţie:
- Vezi? Până şi copilul se miră!

„Papa, warum dich hast verheiratet mit Mama?"
Der Ehemann sich umdreht gen Ehefrau:
„Siehst du? Sogar auch das Kind sich wundert!"

Ce faci? Heißt nicht nur: Wie geht's dir?

Wer beginnt, die rumänische Sprache zu lernen,
der beginnt natürlich mit den einfachsten
Worten und Floskeln. Man lernt, dass
„Multsumesc" „Danke" heißt und dass man zur
Begrüßung sagt: „Ce faci?" „Wie geht's?"
Die übliche Antwort darauf ist „Bine." „Gut."
So steht es auch im „Kauderwelsch, Rumänisch
Wort für Wort", gleich auf der Umschlagseite.
Danach dauert es eine Weile, bis die Anfänger
lernen, dass „faci" eine grammatikalisch
konjugierte Form ist von „a face", machen, tun.

El: Dacă te ating, ce faci?
Ea: Îl strig pe bunicu...
El: Dacă te sărut, ce faci?
Ea: Îl strig pe bunicu...
El: Dacă te dezbrac, ce faci?
Ea: Îl strig pe bunicu...
El: Dar de ce tocmai pe bunicu?
Ea: E surd!

Er: Falls dich ich berühre, was du machst?
Sie: Ihn ich rufe zu Opa.
Er: Falls ich dich küsse, was machst du?
Sie: Ihn ich rufe nach Opa.
Er: Falls ich dich ausziehe, was machst du?
Sie: Ihn ich rufe nach Opa.
Er: Aber um was (warum) gerade nach Opa?
Sie: Er ist taub.

Când iubita te-a inselat si vrei sa sari de pe bloc adu-ti aminte ca ai coarne nu aripi!

Wörtlich:
Wenn Geliebte dich hat betrogen und du willst zu springen von auf Block bring dir ins Hirn / Geist / Gedanken, dass hast Hörner nicht Flügel!

Frei:
Wenn dich deine Geliebte betrogen hat und du willst vom Hochhaus springen, erinnere dich, dass du Hörner hast und keine Flügel.

Astăzi, nevastă-mea a avut un accident cu maşina mea cea nouă, dar nimeni nu a fost rănit. **Încă nu**.

Heute Ehefrau meine hat gehabt einen Unfall mit Auto meinem diesem neuen, aber niemand nicht hat gewesen verletzt. **Noch nicht.**

18

Sotia merge hotarata la farmacie:
- Doresc ca sotul meu sa-mi acorde mai multa atentie. Aveti ceva care sa miroase a computer?

Ehefrau geht entschlossen in eine Apotheke:
„Ich wünsche, dass mein Ehemann mir (schenkt) / zahlt / gibt mehr viel Aufmerksamkeit. Haben Sie etwas, welches zu riechen könnte nach Computer?

Aseară am dus o gagică bună la mine acasă.
- Baby, eşti fierbinte! i-am spus.
- Du-te dracului! mi-a zis, **şi tu ai fi** fierbinte dacă ai fi legat cu cătuşele de calorifer!

Gestern Abend habe ich geführt eine Tussi gute zu mir nach Hause.
„Baby, du bist heiß", habe ich ihr gesagt.
„Geh zu dem Teufel!", hat sie mir gesagt, „**auch du** (hättest sein) **wärest** heiß falls du hättest sein (wärest) gefesselt mit Handschellen an die Heizung."

Lerne auch das Gegenteil von „aseară":
Diseară = seară asta = diesen Abend,
heute Abend

Nevastă-mea mi-a spus că atunci când dorm,
îi las impresia că o ignor!

Meine Ehefrau hat mir gesagt, dass dann, wann
ich schlafe, ihr ich lasse den Eindruck daß sie
ich ignoriere.

O femeie nu caută bărbatul ideal.
Ea vrea doar un bărbat care să o înțeleagă și să
spele vasele...

Eine Frau sucht nicht den idealen Mann.
Sie will nur einen Mann, welcher zu sie verstehe
und zu spüle die Kochtöpfe

Întotdeauna alerg vreo 30 min după ce fac sex.
Altfel risc să fiu prins.

Immer ich laufe (renne) etwa 30 Minuten nach
dem Sex machen.
Ansonsten ich riskiere daß könnte erwischt
werden.

1. Mă trezesc
2. Ies din casă
3. O văd
4. Mă duc spre ea şi o îmbrăţişez
5. O sărut
Bine, bine, ordinea corectă este 2, 3, 4, 5, 1.

1. **Ich erwache.**
2. Ich gehe aus dem Haus.
3. Ich sehe sie.
4. Ich gehe zu ihr und ich umarme sie.
5. Ich küsse sie.

Gut, gut, die Reihenfolge korrekte ist 2,3,4,5,1

Prietena mea îmi spune mereu că am probleme de fidelitate.
Ciudat... nevastă-mea nu mi-a zis niciodată treaba asta.

Meine Freundin mir sagt immer, daß ich habe Probleme mit Treue.
Seltsam.... Ehefrau-meine nicht mir hat gesagt niemals Angelegenheit diese.

Pesimistul:
- Femeile din barul ăsta sunt nişte stricate.
Optimistul:
- Aşa sper şi eu...

Der Pessimist:
„Die Frauen von der Bar dieser sind einige verdorbene.
Der Optimist:
„Dies hoffe auch ich."

- Ştii ce ar arăta bine pe tine?
- Nu. Ce?
- Eu.

Weiß du was würde aussehen gut bei dir?
Nein. Was?
Ich

Frei: Weißt du, was dir gut stehen würde?

Sterne am Himmel

Ea, desfătându-se în îmbrățișările lui:
- Scumpul meu, spune-mi cât de mult mă
iubești?
- Uită-te pe cer și încearcă să numeri stelele...
atât de mult te iubesc.
- Dar este zi acum.
- Exact!

Sie, erfreut sich in Umarmung seiner.
(Sie genießt seine Umarmung)
(Sie kuschelt sich in seiner Umarmung)
Teurer mein, sag mir, wie von viel mich liebst?
Schau dich auf Himmel und versuche zu zählen
die Sterne... Genau so viel dich ich liebe.
Aber es ist Tag jetzt.
Genau.

Dăruiți femeii o sută de trandafiri roșii...
Ea tot va obiecta că era suficient unul singur,
dar alb...

Würdest du schenken einer Frau 100 von
Rosen rote...
Sie immer wird einwenden, daß wäre
ausreichend eine einzige, aber weiß.

Mai tare

Femeia si barbatul facand sex.
Barbatul (soptit, la ureche):
- Iti place, draga?
Femeia (tot soptit):
- **Mai tare, mai tare...**
Barbatul (urlandu-i la ureche):
- Iti place?

Die Frau und der Mann machend Sex.
Der Mann (flüstert, ins Ohr):
„Dir gefällt, Liebling?"
Die Frau (nur flüstert):
„Mehr hart, mehr hart... / **Lauter, lauter!**"
Der Mann (Schreit ihr ins Ohr):
„Gefällt es dir!!??!!"

Bemerkung:
Der Witz funktioniert nur auf Rumänisch, weil:
„Tare" heißt sowohl hart, als auch laut.
Cu vocea tare = mit lauter Stimme

Mai tare = lauter oder härter, je nach Situation.

„Tare!" Ist übrigens auch ein Ausruf der Jugend
bzw. Umgangssprache. Beispiel: Wenn jemend
etwas „cooles" tut oder sagt oder sehr
aufreizend gekleidet ist, dann wird mit „Tare!"
kommentiert. Auf Deutsch wäre es dann:
„Geil!" oder „Hammerhart!"

24

Vorbesc doi vecini:
- Ştii, am veste neplăcută pentru tine... Fata ta
aseară s-a îmbătat rău de tot în club! Mi-a zis
fiul meu...
- Minţi, aseară ea nu a pus nimic în gură!
- Hmm, trebuie să îţi zic că şi
în privinţa asta te-a minţit...

Sprechen zwei Nachbarn:
Weißt du, ich habe Bericht unerfreulich für
dich... Deine Tochter gestern Abend sich hat
besoffen schrecklich von ganz im Club. Mir hat
gesagt Sohn meiner.
Du lügst, gestern Abend sie nicht hat getan
nichts in Mund.
Hmm, ich muss dir sagen daß auch
in Sichtweise diese dich sie hat belogen

Când bărbatul se simte rău, îşi caută soţia.
Când bărbatul se simte bine, îl caută soţia!

Wenn der Mann sich schlecht fühlt, sich sucht
die Ehefrau.
Wenn der Mann sich gut fühlt, ihn sucht die
Ehefrau.

Femeile cred

Femeile cred că dacă o pisică fuge de acasă este din cauza lipsei de afecţiune oferite.

Femeile cred că dacă un câine fuge de acasă este din cauza lipsei de afecţiune oferite.

Femeile cred că dacă o femeie fuge de acasă este din cauza lipsei de afecţiune oferite.

Femeile cred că dacă un bărbat fuge de acasă este din cauză că bărbaţii sunt porci.

Die Frauen glauben, daß wenn eine Katze flüchtet aus dem Haus, es ist von Grund des Fehlens von Zuwendung gegeben.

Frauen denken, daß wenn ein Hund aus dem Haus flüchtet, es liegt an mangelnder Zuneigung.

Frauen denken, daß wenn eine Frau aus dem Haus flüchtet, es liegt an mangelnder Zuneigung.

Frauen denken, daß wenn ein Mann aus dem Haus flüchtet, dann deswegen, weil Männer sind Schweine.

Am un mesaj pentru fetele ce aşteaptă prinţul
pe cal alb:
Vreau să le spun că a murit calul.
Vin pe jos,
de asta *o să* am puţină întârziere...

Ich habe eine Nachricht für die Mädchen die
erwarten den Prinz auf Pferd weiß:
Ich will zu ihnen sagen, daß hat gestorben das
Pferd,
Ich komme zu Fuß,
von dies **werden** ich habe bißchen Verspätung.

Am întâlnit o femeie superbă, frumoasă,
inteligentă, fermecătoare.
Am venit cu ea acasă,
însă familia mea n-a apreciat-o.
Mai ales soţia mea!

Ich habe getroffen eine Frau super, schön,
intelligent, charmant.
Ich bin gekommen mit ihr nach Hause,
aber meine Familie nicht hat akzeptiert sie.
Insbesondere / Besonders Ehefrau meine.

Ea: - Iubitule, mă iubeşti?
El: - Îhî...
Ea: - Atunci, ce zici?
          Hai să ne căsătorim!
El: - De ce schimbi tema discuţiei?!

Sie: Liebster, mich liebst du?
Er: äh hä (oder: eh he gem. Aussprache des „î")
Sie: Dann, was sagt du?
          Auf, daß uns wir heiraten!
Er: Warum wechselst du Thema des
Gespräches?

Discuţie pe internet.
Ea: – Bună!
El: – Bună!
Ea: – Ai văzut? Scriem şi gândim la fel! Ar trebui
să ne căsătorim!

Unterhaltung im Internet:
Sie: Guten! (..Tag wird weggelassen)
Er: Guten!
Sie: Hast du gesehen? Wir schreiben und
denken das gleiche. Es wäre nötig, daß uns wir
heiraten!

În sfârşit, la petrecerea de Revelion am cunoscut şi eu o femeie sinceră.
Mi-a spus din prima:
- Dacă vrei să te culci cu mine trebuie să ai răbdare.
Mai erau trei bărbaţi înaintea mea...

Endlich, auf der Feier des Silvester, habe ich kennengelernt auch ich eine ehrliche Frau.
Mir hat gesagt gleich zu Beginn:
Wenn willst zu dich schlafen mit mir, ist es nötig, daß du Geduld hast.
Noch waren drei Männer vor mir.

- Iubi, **iar** am mâinile reci!
- Super! Ţine-mi berea asta, te rog.

Lieber, **wieder** ich habe die Hände kalte!
Super! Halte mir Bier dieses, dich ich bitte.

Trage o palmă

- Tu mamă, ştii ceva? Eu am făcut dragoste cu toţi vecinii. Acum putem să ne mutăm în alt cartier?
Maică-sa îi trage o palmă şi-i zice:
- Ai 16 ani şi deja ai început să-mi vorbeşti cu "tu"?!

Du, Mama, weißt du was? Ich habe gemacht Liebe mit allen Nachbarn. Jetzt können zu uns wir umziehen in anderes Viertel?
Die Mutter ihr schießt einen Schlag und ihr sagt: Du hast 16 Jahre und schon hast du begonnen zu mir reden mit „Du"?!

Bemerkungen:
trage o palmă (cuiva)
(jemandem) eine runterhauen, schlagen, eine Ohrfeige geben

trage   schießen
palmă   Handfläche, Schlag
bate palma!   schlag Handfläche = gib 5!

Reuşit – Nereuşit

Un cuplu sta pe terasa.
Deoadata, sotia ii trage sotului una.
– Pentru ce a fost asta?
– Pentru 30 de ani de sex ne reuşit.

El sta putin pe ganduri,
se ridica si ii trage si ei una.
– Dar tu de ce ai facut asta?
– De unde stii tu diferenta dintre un sex reuşit si
unul nereuşit?

Erfolgreich - Erfolglos
Ein Paar sitzt auf der Terasse.
Plötzlich, die Ehefrau ihm schießt dem
Ehemann eine.
„Warum hat gewesen das?"
„Für 30 Jahre von Sex erfolglos / ungelungen"

Er bleibt ein wenig in Gedanken,
sich erhebt und ihr schießt auch ihr eine.
„Aber du warum hast gemacht das?"
„Von wo weißt du den Unterschied zwischen
einem Sex erfolgreichen und einem
erfolglosem?

fie ... fie   = entweder oder

În dragoste, întotdeauna inima unui bărbat fie depăşeşte viteza legală, fie este parcată unde nu trebuie.

In der Liebe, immer das Herz eines Mannes entweder überschreitet Geschwindigkeit legale oder ist geparkt wo nicht darf.

fie ... fie   = entweder oder

- Dragă, spune şi tu, nu e viaţa asta groaznică? **Ori de câte ori** dau şi eu de un bărbat cumsecade, descopăr că **fie el** e însurat, **fie eu** sunt măritată.

„Liebe, sag auch du, nicht ist das Leben dieses schrecklich? **Mal von wieviele Male,** ich gebe auch ich von einem anständigen Mann, herausfinde ich, dass **entweder er** ist verheiratet **oder ich** bin verheiratet.

Frei: Jedesmal, wenn ich mich einem anständigem Mann hingebe, finde ich heraus, daß...

Două femei stau de vorbă
- Dragă, aseară l-am prins pe soțul meu sunînd la liniile erotice!
- Și ce măsuri ai luat?
- L-am sfătuit să pună prezervativ pe receptor

Zwei Frauen reden (unterhalten sich)
„Liebe, gestern Abend ihn habe ich erwischt auf Ehemann meinen, zuhörend bei der (Telefon-) Leitung erotische!"
„Und welche Maßnahme hast du ergriffen?"
„Ihm ich habe empfohlen zu nehmen ein Preservativ auf den Empfänger."

(Sta de vorba = Bleiben beim Reden)
(Sta = stehen, verweilen

La ce e mai ușor să renunți? La vin sau la femei?
Depinde de vechime

Auf was ist es einfacher zu verzichten?
Auf Wein oder auf Frauen?
Abhängig vom Alter.

Moş Crăciun – Der Weihnachtsmann

Moş Crăciun intră pe horn într-o casă şi nimereşte în dormitorul unei tinere superbe, care dormea goală în pat.

Nehotărît, începe să se plimbe de colo-colo prin încăpere, zicând:
- Dacă o fac, nu voi mai fi primit în cer, dar, dacă nu o fac, nu **o să** mai pot ieşi pe horn.

Der Weihnachtsmann reinkommt durch Kamin in ein Haus und findet in dem Schlafzimmer eine Jugendliche super, welche schlief nackt im Bett.

Unentschlossen, beginnt zu sich spazieren von hin her durchs Zimmer, sagend:
„Wenn es ich mache, nicht werde mehr sein empfangen im Himmel, aber, wenn nicht es ich mache, nicht **werde** mehr ich kann rausgehen durch Kamin.

O sa = Umgangssprachliche Bildung des Futur

Însurătoarea seamnă snitel cu mersul la restaurant: Comanzi un fel, pe urmă vezi ce e în farfuria vecinului şi regreţi că nu ai luat ce a luat şi el!

Die Ehe ähnelt einem Schnitzel zu Tisch im Restaurant: Du bestellst eines, auf dann siehst du was ist auf der Platte des Nachbarn und bereust, daß du nicht hast genommen was hat genommen auch er.

Kein Witz, sondern ein Zitat von Zsa Zsa Gabor: **Un bărbat este incomplet** până la însurătoare... După, este într-adevăr terminat!

Ein Mann ist unvollkommen bis zur Ehe. Danach, er ist wahrhaftig fertig.

Am dus-o pe soţia mea ieri la Planetariu. **A fost şocată să afle** că nu e ea centrul universului...

Ich habe geführt sie für Ehefrau meine gestern ins Planetarium. **Sie war geschockt zu erfahren** daß nicht ist sie das Zentrum des Universums.

a afla = erfahren, lernen, herausfinden, finden

- **Nevastă-mea** a aflat că o înşela...
- Nu-i nimic, **soţia ta** este o femeie puternică.
- Asta mă şi sperie!

„**Ehefrau meine** hat erfahren daß sie ich betrüge."
„Nicht ist nichts, (Macht nichts,) **Ehefrau deine** ist eine Frau kräftige / starke."
„Das mich auch ängstigt!"

Dragule, **am de făcut o mărturisire** înainte de a continua relaţia: Să ştii că eu am făcut sex şi cu alţi bărbaţi!
- Şi eu!

„Liebster, **ich habe zu machen ein Geständnis** bevor von zu weitermachen die Beziehung: Damit du weißt daß ich habe gemacht Sex auch mit anderen Männern!"
„Auch ich!"

Notiz:
Am de facut habe ich wohl richtig übersetzt mit *ich muss machen*, wobei das „am facut" eigentlich „ich habe gemacht" heißt. Vielleicht ist dies eine typische rumänische Art, daß man damit meint „etwas gemacht haben zu müssen"

Achtung, ein Witz für Erwachsene:

- Cum îți imaginezi așa ceva? Mă cunoști de mai
puțin de cinci minute și îmi faci deja avansuri?
Trebuie să mă cucerești!
- Da? Atunci să ți-o tragă Napoleon!

„Wie dir du vorstellst so was? Mich du kennst
von mehr wenig (weniger) als fünf Minuten und
mir du machst schon Avancen? Es muss daß
mich du eroberst!"
„Ja? Dann soll dich heranziehen Napoleon!"

Bemerkungen:

Letzte Zeile nicht verstanden?
Sa o trage? = Zu einen heranziehen?
Bildlich: Einen an sich heranziehen.
Umgangssprachlich: Bumsen.

Trage:
Ziehen, heranziehen, herausziehen, zeichnen,
schießen.

„Trage" kann man sich leicht merken.
Es steht an vielen Türen von Geschäften.
Auf der einen Seite steht „trage", ziehen,
auf der anderen Seite „împinge", drücken.

Tragă   hier: Wunschform, Möglichkeitsform.
Sa o tragem? Wollen wir bumsen?

Dai mi un telefon! = Ruf mich an!

- Nu se poate! Mă culc cu tine numai după ce mă căsătoresc.
- Bine. Să-mi dai un telefon atunci.

„Nicht sich kann! (es geht nicht!) Mich schlafe mit dir nur nachdem daß ich mich verheirate."
„Gut. Zu mir gibst einen Anruf dann."

Soția către soț:
- Fiul nostru a luat-o razna **rău de tot**. Ascultă sfaturile la toți cretinii. Te rog să vorbești cu el!

Ehefrau zu Ehemann:
„Sohn unserer hat angenommen sich eine Abwegigkeit **ganz schlimm**. Er hört auf die Ratschläge von allen Idioten. Dich ich bitte daß du sprichst mit ihm!!

(Der Sohn ist auf die Abwege gekommen.)

Sfat = Ratschlag, Tip, Empfehlung

Bărbatul cântărește 500 kg dimineața,
100 kg după-amiaza și 10 g seara.

Dimineața:
- Du-te la muncă, boule!
După-amiaza:
- Iar te-ai îmbătat, porcule!
Seara:
- Fluturaș, hai în pat!

Der Mann wiegt 500 kg am Morgen,
100 kg nachmittags und 10 Gramm am Abend.

Am Vormittag:
„Geh dich zur Arbeit, Arschloch/ Fettsack!"
Am Nachmittag:
„Schon dich hast besoffen, Schwein!"
Am Abend:
„Schmetterling, komm ins Bett!"

Doi prieteni stau de vorbă la cârciumă:
- De ce să-mi cumpăr maşină dacă toţi prietenii mei au şi mă pot servi?
- Asta i-am spus şi eu soţiei tale când m-a întrebat de ce nu mă însor...

Zwei Freunde unterhalten sich in einer Kneipe.
„Warum zu mir kaufen ein Auto, wenn alle Freunde meine haben und mich können bedienen?"
„Das ihr habe gesagt auch ich Ehefrau deiner, als sie mich hat gefragt, warum nicht mich verheirate."

- Soţia mea ia lecţii de karate...
- Şi?
- Am învăţat să aspir, să gătesc, iar spălatul rufelor îmi produce **o plăcere deosebită**!

„Die Ehefrau meine nimmt Lektionen von Karate."
„Und?"
„Ich habe gelernt zu staubsaugen, zu kochen, sogar das Waschen die Wäsche mir produziert **ein Vergnügen besonderes**."

O femeie a dat în judecată spitalul

O femeie a dat în judecată spitalul, motivând că, după un tratament recent, soţul ei şi-a pierdut interesul pentru sex.
Purtătorul de cuvânt al spitalului a declarat:
- Nu înţelegem motivele plângerii doamnei. Tot ce am făcut a fost să-i corectăm vederea soţului ei!

Eine Frau hat das Krankenhaus verklagt

Eine Frau hat gegeben **in Gerichtsbarkeit / zur Verurteilung** das Krankenhaus, begründend daß, nach einer Behandlung kürzlich, der Ehemann ihrer auch hat verloren das Interesse für Sex.
Pressesprecher vom Krankenhaus hat erklärt:
„Nicht wir verstehen die Gründe der Beschwerde der Dame. Alles, was wir haben gemacht ist gewesen dass ihm wir korrigierten Aussicht (hier: Sehfähigkeit) des Ehemannes ihrer.

Ceva deosebit

Un tip trebuia să plece din țară pentru o lună,
așa că îl roagă pe prietenul său cel mai bun să
tragă puțin cu ochiul la nevastă-sa si să-i dea de
știre dacă se întâmplă ceva deosebit.

După 2 săptămâni primește o telegramă:
"Bărbatul care venea în fiecare noapte la
nevastă-ta a lipsit ieri!"

Etwas Ungewöhnliches

Ein Kerl mußte zu fortgehen vom Land für einen
Monat, so daß ihn fragte auf den Freund seinen
der mehr gute daß ziele ein bisschen mit Auge
auf Ehefrau seine und daß zu ihm gäbe von
Nachricht falls sich ereignet etwas
ungewöhnliches.

Nach 2 Wochen er erhält ein Telegramm:
Der Mann, welcher kam in jeder Nacht zu
Ehefrau deiner hat gefehlt gestern.

Facem dragoste. Machen wir Sex.

La discotecă un băiat agaţă o *piţipoancă*:
- Domnişoară, hai, să mergem la mine.
- Pentru ce?
- Păi,... bem o cafea, ne uităm la un film clasic...
- Nuuu... Mai este aici un băiat mi-a făcut o propunere mai interesantă pe care o prefer: ne uităm la un film deocheat apoi facem dragoste.

In einer Disco ein Junge aufgabelt eine *schrecklich aufgetakelte Disco-Tussi*:
„Fräulein, auf geht's, daß wir gehen zu mir.“
„Für was?“
„Nun, wie trinken einen Kaffe, uns hinschauen zu einem Film klassisch...“
„Nööö... Noch gibt es hier einenJungen, mir hat gemacht einen Vorschlag mehr interessant auf welchen ihn ich vorziehe; Wir hinschauen auf einen Film unanständig (übertrieben) danach machen wir Liebe.“

Notiz:
Kennen Sie den Unterschied zwischen dragoste und iubire? Beides heißt zwar Liebe, aber dragoste meint die körperliche Liebe, und iubire bezeichnet die seelische, also echte Liebe,

Piţipoancă – Unübersetzbare Bezeichnung für Disco-Tussis. Suchen Sie Bilder im Internet.

Piloţii unui avion au uitat microfonul de comunicaţie cu pasagerii deschis
Zice unul:
-Ce facem mai întâi: Sex cu stewardesa sau mâncăm?
Celălalt răspunde:
- Mâncăm mai întâi.
Stewardesa îi aude şi se grăbeşte spre cabină să-i avertizeze că au lăsat intercomunicaţia deschisă, dar se împiedică şi cade.
La care o bătrână zice:
-Nu te grăbi maică, n-ai auzit? Mai întâi vor să mănânce...

Die Piloten eines Flugzeuges haben vergessen das Mikrophon der Kommunikation mit Passagieren geöffnet.
Sagte der eine:
„Was machen wir mehr früher? Sex mit der Stewardess oder wir essen?"
Derandere antwortet:
„Wir essen zuerst."

Die Flugbeleiterin sie hört und sich eilt zur Pilotenkabine um sie warnen daß haben gelassen Zwischenkommunikation geöffnet, aber sich sie stolpert und fällt.
Worauf zu ihr eine alte Frau sagt:
„Nich dich beeilst, Schätzchen, nicht hast du gehört? Zuerst sie werden essen."

ÎMBUJORÁ - Erröten

Vai, ce nas mare are soțul tău!
- Da, se îmbujorează femeia, dar nu-i adevărat

Wow, welch Nase große hat Ehemann deiner!
Ja, sich erröten die Frauen, aber nicht ist wahr.

Ea: Un sărut și voi fi a ta pentru totdeauna!
El: Mulțumesc pentru **avertisment**!

Sie: Ein Kuss und ich werde sein die deine für immer!
Er: Ich danke für die **Warnumg**.

Nu vrea să sugă

Într-un autobuz, pe aceeaşi banchetă, stăteau un bărbat şi o femeie cu un bebeluş în braţe. La un moment dat, femeia scoate un sân să-l alăpteze pe cel mic. Bebeluşul întoarce năsucul într-o parte şi nu vrea să sugă.

Femeia, supărată îi spune:
- Mănâncă, altfel îi dau lui nenea!

Ajung ei la Ploieşti, aceeaşi scena: femeia scoate un sân să-l alăpteze pe cel mic. Bebeluşul întoarce năsucul într-o parte şi nu vrea să sugă. Femeia, din nou supărată, îi spune:
- Mănâncă, altfel îi dau lui nenea!
Bebeluşul, nimic. Ajung ei la Braşov, scena se repetă, bebeluşul nu vrea. Femeia repetă replica:
- Mănâncă, altfel îi dau lui nenea!

Autobuzul pleacă mai departe. Domnul care stătea lângă femeie pe bancheta izbucneşte:
- Dar hotărâţi-vă doamnă odată, că eu trebuie să cobor la următoarea staţie de autobuz.

Suge = saugen.   Sugă = Konjunktiv
Die grammatische Form um auszudrüken, dass es die Möglichkeit gibt, dass das Baby saugt, kann leider nicht entsprechend übersetzt werden.

Es will nicht saugen

In einem Autobus, auf gleicher Sitzbank, saßen ein Mann und eine Frau mit einem Baby im Arm. Zu einem Moment gegeben, die Frau herausholt eine Burst um es stillen für den Kleinen. Das Bqaby wendet die Nase in eine Seite und nicht will zu saugen.
Die Frau, verärgert ihm sagt:
„Iss, sonst dich gebe dem Onkel"

Ankommen sie in Ploieşti, gleiche Szene: Die Frau holt eine Brust raus, um den Kleinen zu stillen. Das baby wendet die Nase zur Seite und möchte nicht saugen.
Die Frau, von neuem verärgert, sagt ihm:
„Iss, sonst gebe ich dich dem Onkel"
Das Baby, nichts. Sie kommen an in Braşov, die Szene sich widerholt, das Baby will nicht. Die Frau widerholt die Antwort:
„Iss, sonst gebe ich dich dem Onkel.
Der Bus fortfährt mehr weiter. Der Herr welcher saß neben der Frau auf Sitzbank er bricht aus:
„Aber entscheiden Sie sich Frau einmal, weil ich muss zu aussteigen die nächste Haltestelle vom Bus."

Două uşi

Un bărbat căsătorit, refuzat în repetate rânduri
de soţia sa, se hotărăşte să meargă la bordel.

Se duce, intră înăuntru şi se fac două uşi.
Pe una scrie „căsătoriţi", pe alta scrie
„necăsătoriţi".
Să gândeşte să-şi dea jos verigheta, dar, om
cinstit, intră la căsătoriţi.

Acolo, alte două uşi: pe una scrie cu chestie
mică, pe alta, cu chestie mare.
Neştiind care-s pretenţiile acolo, om modest,
deschide uşa la, cu chestie mică.

Din nou, două uşi: pe una scrie cu bani mulţi, pe
alta, cu bani puţini.
Modest, intră la cu bani puţini şi se trezeşte
direct în stradă, unde un automat îi oferă un
bileţel pe care scria:

Bani nu ai, căsătorit eşti, sulă mică ai, ce naiba
mai cauţi la curve!?

Zwei Türen

Ein Mann verheiratet, verweigert in
wiederholtem Mal von Ehefrau seiner, sich
entschließt zu gehen würde ins Bordell.
Er geht, kommt rein und es gibt zwei Türen.
Auf einer steht geschrieben „Verheiratete", auf
anderer es schreibt „Unverheiratete".
Sich überlegt daß auch gäbe runter Ehering,
aber, Mann ehrlich, eintritt bei „Verheiratete".

Dort, andere zwei Türen: Auf einer steht: Mit
Ding kleinem, auf anderer, mit Kram großem.
Unwissend welche sind Ansprüche dort, Mann
moderat, öffnet Türe bei mit Kleinkram.

Von neuem, zwei Türen. Auf einer steht mit Geld
viel, auf anderer mit Geld wenig.
Bescheiden, eintritt bei mit Geld wenig und sich
befindet direkt in der Straße, wo ein Automat
ihm anbietet einen Schmierzettel auf dem es
schreibt:
Geld nicht hast, vereiratet bist, Gerät kleines
hast, was zur Hölle noch suchst du bei Huren?

Notizen:
Ce naiba ist eine Redewendung für:
Zur Hölle, verdammt noch mal, welch Mist!
Se trezi = aufwachen
Se trezi undeva = sich irgendwo befinden.

Către

Doamna către menajeră:

- Cred că soțul meu are o relație cu secretara.

Menajera:

- Știți dumneavoastră sigur, sau o spuneți așa doar, ca să mă faceți pe mine geloasă?

Dame zur Haushälterin:

„Ich glaube, dass mein Ehemann eine Beziehung mit der Sekretärin hat."
„Wissen Sie sicher, oder das sagen Sie so nur, um zu mich machen für mich eifersüchtig?"
(Frei:... um mich eifersüchtig zu machen?)

Viele Übersetzungen für către, Präposition

Von	de, prin, cu, de către, către, pe
Zu	la, către, pentru, în, de, până la
gegen	către, spre, față de, la, pentru, în direcția
gerichtet	spre, față de, către, pentru
für	pentru, de, la, ca, în scopul, către
gegen	împotriva, contra, de, în, pentru, către
nahe	aproape de, lângă, în apropierea, în vecinătatea, în preajmă, către
über	despre, peste, de, la, asupra, către
nach	după, în, peste, pe urmele, în urmă, către

Pune-o la loc

Când ne-am căsătorit, am stabilit împreună cu
soția să ne gravăm pe interiorul verighetelor
câte un mesaj simbolic, unul celuilalt. Trebuia sa
fie o surpriză și niciunul dintre noi să nu divulge
mesajul pe care urma să-l scriem...
Eu, îndrăgostit până peste cap, am gravat
frumos pe inelul soției: "Pentru iubirea mea
eterna..."
Soția, mai pragmatică, mi-a scris: "Pune-o la
loc!"

Als uns wir haben verheiratet, wir haben
vereinbart gemeinsam mit Ehefrau dass uns
eingravieren auf Inneres der Trauringe beide
eine Nachricht symbolisch, einer dem anderen.
Es musste sein eine Überraschung und keiner
zwischen uns daß nicht offenbart die Nachricht
für welche hält (folgt) zu ihm wir schreiben
würden.
Ich, verliebt bis über den Kopf, habe eingraviert
schön auf Ring der Ehefrau: „Für die Liebe
meine ewige."
Die Ehefrau, mehr pragmatisch, mir hat
geschrieben: „Setz ihn auf den Platz!"
Frei übersetzt: Zieh den Ring wieder an!
Pune-o la loc! = Stell es zum Platz.
Frei: Stelle es auf seinen Platz.
PÚNE ist wie das englische Wort „put" auf viele
Arten übersetzbar: Setzen, stellen, legen, etc.

Prăjiturile favorite cu ciocolată

Un bărbat zăcea pe patul de moarte.
Deodată simţi cum aroma prăjiturii lui favorite
cu ciocolată urcă încet si ademenitor pe scări.

Şi-a adunat forţele rămase si s-a ridicat din pat.
Sprijinindu-se de perete, a mers până la uşă si
cu un efort si mai mare a coborât scările,
ţinându-se cu ambele mâini de balustradă.

Gâfâind, s-a sprijinit de tocul uşii şi a aruncat o
privire in bucătărie.

Dacă n-ar fi simţit durerile acelea cumplite,
ar fi zis că este deja in rai.

Acolo, puse pe masă, erau sute din prăjiturile
sale favorite cu ciocolată. Era ăsta raiul sau era
ultima dovadă de iubire din partea soţiei, care
se asigura ca soţul ei părăsea lumea fericit?

Cu un ultim efort, s-a aruncat înspre masă. Mâna
tremurândă a ajuns la cea mai apropiată dintre
prăjituri, când brusc este lovit de către soţie cu
o lingură.

- Nu te atinge de astea! spuse ea, sunt pentru
înmormântare.

Lieblingskuchen mit Schokolade

Ein Mann niederliegt auf dem Bett des Todes.
Plötzlich spürt er wie der Geruch von
Kuchenteilchen seiner Lieblingssorte mit
Schokolade hinaufsteigt langsam und
verführerisch von der Treppe.
Sich er hat zusammengefügt die Kräfte
verbliebenen und sich hat erhoben vom Bett.
Sich lehnend an die Wand, er ist gegangen bis
zur Tür und mit einer Anstrengung größerer hat
runtergestiegen die Treppe, sich nehmend mit
beiden Händen vom Treppengeländer.
Keuchend sich hat gelehnt an den Türrahmen
und hat geworfen einen Blick in die Küche.
Wenn nicht wäre gewesen er spürt Schmerzen
diese schreckliche, **man könnte sagen**, daß er
ist schon im Himmel.
Dort, gestellt auf den Tisch, waren 100 von
seinen Lieblings-Schokoladen-Kuchen. War das
der Himmel oder war letzte Gabe der Liebe von
Seiten der Ehefrau, welche sich versichert, daß
Ehemann ihrer verläßt die Welt glücklich?

Mit einer letzten Mühe, sich hat geworfen auf
Tisch. Die Hand zitternd hat angekommen bei
der nahesten unter den Kuchen, als plötzlich er
ist geschlagen seitens Ehefrau mit einem Löffel.

„Nicht dich berühren von das!", sagt sie, „sie
sind für die Beerdigungsfeier."

Durdulie

Iese prietena mea (mai durdulie) din cabina de
probă cu geaca în mână:
- Mi-e mică, zice.
- Ce ţi-e mică, geaca sau cabina?

Rausgeht Freundin meine (mehr mollig) von
Kabine der Probe mit Jacke in Hand.
„Mir ist klein.", sagt sie.
„Was dir ist (zu) klein, Jacke oder Kabine?

Conform unui studiu al cercetătorilor britanici,
90% dintre bărbaţii care află că au fost înşelaţi
de soţie, se supără, îşi iau bagajele şi se mută... la
amantă.

Gemäß einer Studie von Forschern britannisch,
90% unter den Männern, die erfahren daß sie
waren betrogen von Gattin, sich aufregen, sich
nehmen das Gepäck und sich umziehen... zur
Geliebten.

Măcar acum

Nevastă-mea a zis că mă părăseşte din cauza
dependenţei mele de antidepresive.
Ei bine, măcar acum n-**o să** mai am nevoie de
ele.

Gattin meine hat gesagt, daß mich sie verläßt
von Grund (wegen) der Abhängigkeit meiner
von Antidepresiva.
Na gut, zumindest jetzt nicht **werde** mehr
haben nötig von ihnen.

În sat, la discotecă la căminul cultural:
- Domnişoară, dansezi?
- Nu.
- Atunci hai să ne ajuţi să împingem un tractor.

Im Dorf, in einer Disco im Haus der Kultur
(In einer Dorfdisco des Gemeindeezentrums)
„Fräulein, tanzen Sie?
„Nein.“
„Dann auf daß uns helfen zu wir schieben einen
Traktor.
Frei: (Wenn Sie nicht tanzen können)... dann
versuchen wir eben, zusammen einen Traktor
zu schieben.

Cu nevastă-mea în pat

Odată, eram cu nevastă-mea în pat şi mă
întrebam şi eu, aşa, "o fi avut, n-o fi avut?".
Până la urmă, m-am zis să întreb cu voce tare,
nu numai în gând, dar mai pe ocolite şi i-am zis:
- Auzi, cum se face că nu ştiu niciodată când ai
orgasm?
- Păi n-are rost să te tot sun la serviciu şi să te
deranjez pentru atâta lucru.

Einmal, ich war mit Gattin meiner im Bett und
mich fragte auch ich so „es würde gehabt, nicht
es sie würde gehabt?"
Bis letztendlich, ich mir habe gesagt zu fragen
mit Stimme laut, nicht nur in Gedanken, aber
mehr indirekt und ihr habe gesagt:
„Hör, wie sich macht daß nicht ich weiß niemals
wann du hast Orgasmus?"
„Nun, nicht es hat Sinn daß dich immer ich
anrufe bei der Arbeit und zu dich stören wegen
dieser Sache."

Feststehende Begriffsübersetzungen:

Până la urmă	Schließlich, letztendlich
pe ocolite	indirekt, auf Umwegen
cu voce tare	mit lauter Stimme
	(Gedanken ausgesprochen)
cum se face	wie kommt es
n-are rost	es ist sinnlos

Eutanasiere

Ieri seara, stăteam de vorbă cu nevasta-mea
despre eutanasiere şi i-am spus:
- Să nu mă laşi niciodată să stau într-o stare
vegetativă, să fiu dependent de nişte maşini şi
alimentat cu lichide. Dacă o să fiu vreodată într-
o astfel de stare, te rog să debranşezi toate
aparatele care mă ţin în viaţă!
Şi atunci ea s-a ridicat, a închis televizorul şi
calculatorul şi mi-a aruncat berea la chiuvetă.

Sterbehilfe

Gestern Abend, wir waren im Gespräch mit Frau
meiner über Sterbehilfe und ihr ich habe gesagt:
„Daß nicht mich läßt niemals zu bleiben in
einem Zustand vegetativ, zu sein abhängig von
irgendeiner Maschine und ernährt von
Flüssigkeiten. Falls wäre sein jemals, in
dieserart von Zustand, dich ich bitte zu
abtrennen alle Apparate welche mich halten im
Leben."
Und dann sie sich hat erhoben, hat
ausgeschaltet den Fernseher und Computer und
mir hat weggeworfen das Bier in den Ausguß.

Ich wollte, es wäre ein Witz

Ea: Iubitule, sunt gravidă.
      Ce ai vrea să fie?
El: Un banc!

Sie: Liebster, ich bin schwanger.
      Was du hättest wollen es würde sein?
      (Was würdest du wollen, daß es sei?)
Er: Ein Witz!

Ai = du hast, aber auch Konjunktiv, du hättest
Fi = sein   este = es ist   fie = es wäre

Soțul vine acasă, îl găsește pe amant în dulap si
o întreabă pe soție:
- Ce caută lucrurile tale în șifonierul meu?

Der Ehemann kommt nach Hause, ihn er findet
den Liebhaber im Schrank und sie er fragt zu
Ehefrau:
„Was suchen Sachen deine in der Garderobe
meiner?"

Zgârieturile de pe spate

Pe plajă, două doamne se uită la un tip tânăr.
- Cum ți se pare acest băiat?
- Judecând după zgârieturile de pe spate, este un băiat foarte bun!

Die Kratzer auf dem Rücken

Am Strand, zwei Damen sich anschauen zu einem Kerl, jung.
„Wie dir sich scheint dieser Junge?"„
„Urteilend nach den Kratzern von auf dem Rücken, er ist ein Junge sehr gut."

O tipă face dragoste cu un student.
- Ai terminat?
- Nu, sunt în anul IV.

Eine Tussi macht Liebe mit einem Student.
„Hast du beendet?"
„Nein, ich bin im Jahre IV."
(Nein, ich bin im 4. Studienjahr.)

I-ai salutat şi tu?

O soţie vine acasă seara târziu, cu o zi mai
devreme după ce fusese plecată într-o călătorie
de afaceri.

Deschide încet uşa de la dormitor.

De sub pătură, ea vede ieşind patru picioare
în loc de două.
Se întinde după bâta de baseball şi începe să
lovească cu sete pătura.

După ce termină, se duce în bucătărie sa se
răcorească cu un pahar de vin.

Când intră în bucătărie, îl vede pe soţul său
citind o revistă.

- Buna, dragă, spune el... Părinţii tăi au venit în
vizită şi i-am lăsat să stea în dormitorul nostru.
I-ai salutat şi tu?

Hast du sie auch begrüßt?

Eine Ehefrau kommt nach Hause am Abend
spät, mit einem Tag früher nachdem dass sie
gewesen war weggegangen in eine Reise von
Geschäften.

Sie öffnet langsam die Tür vom Schlafzimmer.

Von unter Bettdecke, sie sieht herausgehend
vier Füße an Stelle von zwei.
Sich reicht nach Schläger von Basball und
beginnt zu schlagen mit Durst (hier: eifrig) die
Bettdecke.
Nachdem daß sie beendet, sich geht in die
Küche um sich abzukühlen mit einem Glas von
Wein.
Als sie betritt in die Küche, ihn sie sieht auf
Ehemann ihren, lesend eine Illustrierte.

„Hallo, Liebe", sagt er. „Die Eltern deine haben
gekommen zu Besuch und sie ich habe gelassen
zu bleiben in dem Schlafzimmer unserem.
Sie du hast begrüßt auch du?

Entuziasmată

Într-o dimineaţă, în timp ce luau micul dejun, o femeie i-a spus soţului său:

- Fac pariu că habar n-ai ce zi e astăzi.

- Cum să nu ştiu? o întrebă el indignat. Cum crezi că aş fi putut uita?

După ce a spus acestea, s-a ridicat de la masă şi a plecat la lucru.

La ora 10 dimineaţa, sună cineva la uşă. Femeia deschise şi primi o cutie plina cu trandafiri rosii.

La prânz, primi o cutie din bomboanele ei preferate de ciocolată, iar mai târziu un butic îi livra o rochie creată de un designer.

Femeia **de-abia aştepta** să se întoarcă soţul ei acasă.

- Prima dată florile, după aceea ciocolata şi **în cele din urmă** rochia!, exclamă ea entuziasmată. N-am petrecut niciodată într-un mod mai fascinant Ziua Mediului!

în cele din urmă	an denen vom Ende
în cele din urmă	Letztendlich, schließlich

Aufgeregt

In einem Vormittag, in der Zeit, daß man nimmt
das Frühstück, eine Frau ihn hat gefragt den
Ehemann ihren:
„Ich mache Wette, daß Ahnung nicht du hast,
welcher Tag ist heute."
„Wie daß nicht ich weiß?", sie fragt er empört.
„Wie glaubst du daß ich könnte vergessen?"

Nachdem was hat gesagt dieses, sich hat
aufgestanden von beim Tisch und hat
weggegangen zur Arbeit.
Um Stunde 10 am Morgen, klingelt jemand an
der Tür. Die Frau öffnet und empfängt einen
Korb voll mit Rosen roten.
Zum Mittag, sie erhält eine Schachtel von den
Bonbons ihrer bevorzugte von Schokolade, und
mehr später eine Boutique ihr liefert ein Kleid,
kreiert von einem Designer.
Die Frau **kann kaum erwarten** daß sich
zurückkehrt der Ehemann ihrer nach Hause.

Erst mal die Blumen, dann diese Schokolade
und **zum Schluss** ein Kleid!", ruft sie
enthusiastisch. (aufgeregt, erregt)
„Nicht ich habe verbracht niemals in einer Art
mehr faszinierend den Tag der Umwelt!"

De ea îţi aminteşti

Dragul meu, **îţi aminteşti** de Sharon Stone în "Basic Instinct", când în secţia de poliţie îşi pune picior peste picior?
- Bineînţeles că da.
- Imbecilule, de ea îţi aminteşti, în schimb, de faptul că trebuie să cumperi pâine în casă ai uitat, da?

„Lieber meiner, **dich du erinnerst** an Sharon Stone im (Film) Basic Instinct, als im Revier von Polizei sich legt Bein über Bein?"
„Selbstverständlich, dass ja."
„Dummkopf, an sie **erinnerst du dich**, anstatt, an die Tatsache, daß mußt zu du kaufst Brot fürs Haus du hast vergessen, ja?"

schimb:	Wechsel, Tausch
a schimba	wechseln, tauschen
în schimb	im Tausch, anstatt

Falsche Verdächtigung

- Nevastă, mă bănuieşti degeaba. Nu fac altceva
decât să ajut o prietenă într-o perioadă dificilă
pentru ea.
- Dar ce-a păţit?
- A intrat în călduri

„Gattin, mich du verdächtigst vergebens. Nicht
ich mache irgendwasanderes außer zu helfen
einer Freundin in einer Periode schwierig für
sie."
„Aber was ist passiert?"
„Sie ist heiß geworden."

Entschuldigung, lieber Leser.
Die letzte Zeile war sehr frei übersetzt.
Wortwörtlich:
„Sie hat eingetreten in Hitze"

La pachet sau aici?

Într-o farmacie, un student drăguț și focos cere
un prezervativ.
Farmacista:
- Va-l împachetez sau va-l îmbrac?

In einer Apotheke, ein Student lieblich und
feurig wünscht ein Präservativ
Die Apothekerin:
„Ihnen ich es einpacke, oder Ihnen es ich
anziehe?"

Übrigens:
Die von mir gewählte Überschrift zum Witz ist
eine Frage, die man in Rumänien häufig hört,
insbesondere beim Kauf von „Fast Food" im
Schnellimbiss:
„Im Paket oder hier?" mit der Bedeutung:
„Zum Mitnehmen oder hier essen?"

O tânără se roagă Domnului:

- Doamne, de data aceasta vreau să mă rog
pentru cei din jurul meu fără a cere nimic
pentru mine.
Dă-i, Doamne, mamei mele un ginere frumos!

Ein Mädchen betet zu Gott
Eine Jugendliche sich erbittet von Gott:
„Herr, vom Datum diesem ich will zu mir bitten
für diejenigen von Umgebung meiner ohne zu
wüschen nichts für mich.
Gib ihr, Herr, Mama meiner einen Bräutigam
schönen.

- Hai, somnorosule, scoală-te!
- Oana, lasă-mă să dorm...
- Nu sunt Oana. Sunt soţul ei!

„Auf, Schlafmütze, erhebe dich!
„Oana, lass mich zu schlafen....“
„Nicht ich bin Oana. Ich bin Ehemann ihrer!“

Bătălia de la cele două sexe

Ea: - Mi-ai stricat tinereţea!

El: - Iar tu mi-ai mâncat viaţa.

Ea: - Ai băut, ai fumat, m-ai batjocorit.

El: - M-ai cicălit şi m-ai lovit cu tigaia.

Ea: - Eşti un nimic în pat.

El: - Iar tu în pat eşti ca un cub de gheaţă!

Ea: - Câştigi foarte puţin.

El: - Iar tu cheltui prea mult.

Ea: - Nu mi-ai cumpăra niciodată o blană sau un parfum. Ce să vorbim, nici măcar flori nu mi-ai adus niciodată!

El: - Iar tu mă hrăneşti ca pe un câine.

Ea: - Mi-ai transformat viaţa într-un lung şir de suferinţe.

El: - Tu mi-ai otrăvit viaţa.

Ea: - Deci, asta înseamnă că suntem chit, dragul meu?

El: - Da, soarele meu... Nicio supărare!

Der Kampf der beiden Geschlechter

Sie: Mir du hast ruiniert die Jugend!
Er: Und du mir hast gegessen das Leben.
Sie: Du hast getrunken, hast geraucht, hast mich verspottet / verhöhnt
Er: Mich du hast genörgelt und mich geschlagen mit Bratpfanne.
Sie: Du bist nichts im Bett.
Er: Und du im Bett bist wie ein Würfel von Eis.
Sie: Du verdienst sehr wenig.
Er: Und du ausgibst zu viel.
Sie: Nicht mir hast gekauft niemals einen Pelz oder ein Perfum. Was reden wir, nicht wenigstens Blumen nicht mir hast gebracht niemals.
Er: Und du mich fütterst wie für einen Hund.
Sie: Mir du hast geändert das Leben in eine lange Reihe von Leiden.
Er: Du mir hast vergiftet das Leben.
Sie: Also, das bedeutet dass wir sind quitt, mein Lieber?
Er: Ja, meine Sonne. Keinerlei Aufregung.
Nicio supărare   Nichts für Ungut.

Ein Kompliment

- Spune-mi, te rog, atunci când un om spune că părul meu miroase frumos, e **hărţuire** sau nu?
- Nu, în opinia mea este un compliment.
- Şi dacă omul este pitic?

„Sage mir, dich ich bitte, dann wenn ein Mann sagt dass Haar meines riecht schön, es ist eine **Belästigung / Schikane / Manipulation** oder nicht?"
„Nein, in Meinung meiner es ist ein Kompliment.
„Und falls der Mann ist ein Zwerg?"

Ea către el:
- **Logodnicul lui Lili** este mai tandru ca tine, îi spune mereu "perla mea"!
- El este bijutier. Eu sunt ginecolog. Cum ai vrea să-ţi spun?

Sie zu ihm:
„**Der Verlobte von Lili** ist mehr zart als du, ihr er sagt immer: Meine Perle!"
„Er ist Juwelier. Ich bin Gynokologe. Wie würdest du wünschen daß dir ich sage?"

Tentaţie - Versuchung

Un studiu american arată că femeile sunt
tentate să înşele atunci **când ovulează**.
Bărbaţii, atunci când respiră.

Eine Studie amerikanische zeigt, daß Frauen
sind versucht zu betrügen dann **wenn sie
Eisprung haben**.
Männer, dann wenn sie atmen.

Aveam tot ce şi-ar putea dori un bărbat: un
apartament splendid, o maşină sport,
motocicletă, o femeie care mă iubea cu toată
fiinţa ei...
Acum, s-au dus toate...
A aflat nevastă-mea.

Ich hatte alles was auch könnte wünschen ein
Mann: Ein Apartement herrlich, ein Auto
sportlich, Motorrad, eine Frau welche mich
liebte mit ganzer Seele ihrer.
Jetzt es hat gegangen alles.
Hat rausgefunden / erfahren meine Gattin.

In der Zwischenzeit, inzwischen

La poliţie:
– Săptămâna trecută, v-am semnalat dispariţia soţiei mele. Ei bine, puteţi abandona cercetările.
– Aţi găsit-o?
– Nu. Dar **între timp** am mai reflectat.

Bei der Polizei:
„Woche vergangen, ihnen ich habe angezeigt das Verschwinden der Ehefrau meiner. Na gut, Sie können aufgeben die Forschung / Suche.
„Haben Sie gefunden sie?"
„Nein. Aber **in der Zeit** ich habe mehr nachgedacht.

Soţia mea lipseşte de două săptămâni şi lumea a început să pună întrebări. Cel mai des aud:
"De ce eşti aşa de fericit?"

Gattin meine verschwunden seit 2 Wochen und die Welt hat begonnen zu stellen Fragen.
Welche mehr oft (des öfteren) ich höre:
„Warum bist du so von glücklich?"

Răzbunatoare - Rachsüchtig

De ziua prietenei mele, i-am cumpărat o sticlă
mare de şampanie, pe care însă, până la urmă
am băut-o eu aproape pe toată.
De ziua mea, ea mi-a dăruit un vibrator.
Ce răzbunatoare.

Am Geburtstag der Freundin meiner, ihr ich
habe gekauft eine Flasche große von
Champagner, von der jedoch, bis zum Schluss,
ich habe getrunken sie fast auf ganz.
Am Geburtstag meinem, sie mir hat geschenkt
einen Vibrator.
Wie rachsüchtig.

Der Schwangerschaftstest

La farmacie:
- Puteţi să-mi daţi un test de sarcină?
- De care?
- Negativ, dacă se poate...

In der Apotheke:
„Können Sie zu mir geben einen Test von
Schwangerschaft?
„Von welcher?" (gemeint: Marke / Sorte)
„Negativ, falls es möglich.

Discuţie între doi cowboy:

- Mi se pare imoral să faci cunoştinţă cu viitoarea soţie într-un bar!
- Ai dreptate. Dar tu cum ai cunoscut-o pe a ta?
- Am câştigat-o la o partidă de biliard!

Gespräch zwischen zwei Cowboys:

„Mir scheint unmoralisch zu machen Bekanntschaft mit zukünftiger Ehefrau in einer Bar."
„Du hast Recht. Aber du wie hast du kennengelernt sie zu die deine?"
„Ich habe gewonnen sie bei einer Partie von Billiard."

Se întâlnesc doi beţivi:
- Ai luat deja astăzi micul dejun ?
- **Nu, nici o picătură.**

Sich treffen zwei Betrunkene:
„Hast du genommen schon heute Frühstück?"
„Nein, nicht einen Tropfen."

Lumea se miră
Un bărbat începe să poarte un cercel la ureche.
Lumea se miră:
- Cum, om serios cu cercel?
- Păi, de când l-a găsit nevastă-mea în patul
nostru, m-a obligat să-l port!

Die Welt wundert sich.
Ein Mann beginnt zu tragen einen Ohrring im
Ohr. Die Welt sich wundert.
„Wie, ein Mann seriös mit Ohrring?"
„Nun, von dann ihn hat gefunden Ehefrau meine
in dem Bett unserem, mich hat verpflichtet zu
ihn tragen."

Care lume?
Ea cumpără pentru el o duzină de chiloți de
aceeași culoare.
El: De ce de-aceeași culoare? Ca să spună lumea
că nu-mi schimb niciodată chiloții?
Ea: Care lume? - Tăcere...

Welche Welt?
Sie kaufte für ihn ein Dutzend von Unterhosen
von gleicher Farbe.
Er: „Warum von gleicher Farbe? Was wird
reden die Welt, daß ich nicht mir wechsle
niemals die Unterhosen?"
Sie: Welche Welt? - Schweigen.

Două prietene stau de vorbă.
- Eu am schimbat ginecologul. Mi-am luat unul tânăr, râde tot timpul şi vorbeşte foarte frumos.
- Eu nu îl schimb pe al meu. Este el mai bătrân, dar ştii ceva: îi tremură mâinile.

Zwei Freundinnen unterhalten sich.
„Ich habe gewechselt den Gynokologen. Mir ich habe genommen einen jungen, er lacht die ganze Zeit und redet sehr schön."
„Ich nicht ihn wechsle für den meinen. Ist er mehr alt (älter), aber weißt du was: Ihm zittern die Hände.

Timpul trece!
- Trebuie să te avertizez că soţul meu se întoarce în 30 de minute.
- Dar eu nu fac nimic neonorabil!
- Tocmai asta este... Iar timpul trece!

Die Zeit läuft!
„Ich muß zu dich warnen, daß Ehemann meiner sich zurückkehrt in 30 Minuten.
„Aber ich nicht mache nichts unehrenhaftes!"
„Genau das ist es. Und die Zeit geht vorbei!"

Redewendung:
Viaţa trece inainte. Das Leben geht weiter.

Alkoholiker Witze

Fachwörter in diesem Zusammenhang:

Alkoholiker	alcoolic, bețiv
Betrunkener	bețiv, bețivan, om beat
betrunken	beat, îmbătat
beschwipst:	beat, bețiv, cherchelit, aghesmuit, afumat, tămâiat
bedüdelt	tămâiat, cherchelit, amețit
benebelt	tămâiat
bine făcut	gut gemacht, hier: Stark besoffen.
mahmureală	Kater, engl.: Hangover

La o masă într-un bar, stătea un nene care
dădea pe gât pahar după pahar.
De fiecare dată când termină un pahar, se uita în
buzunarul cămăşii.
Intrigat, barmanul îl întreabă:
- De ce vă tot uitaţi în buzunarul cămăşii după
fiecare pahar?
- Am acolo o poză cu nevastă-mea. Când mi se
pare frumoasă, mă duc acasă!

An einem Tisch in einer Bar, saß ein Onkel,
welcher gab auf Gurgel Glas nach Glas.
Mit jedem Mal, wenn beendet ein Glas, sich
schaut in Tasche des Hemdes.
Neugierig, der Barkeeper ihn fragt:
„Warum Sie immer schauen in Hemdtasche
nach jedem Glas?"
„Ich habe da ein Foto mit Ehefrau meiner. Wenn
mir sie scheint hübsch, ich gehe nach Hause.

Gât   Hals, Nacken, Rachen
pe gât   auf die Gurgel, schlucken

Vine soţul acasă beat.
Soţia îl aşteaptă în prag pregătită cu o tigaie în
mână. La care soţul:
- Du-te şi te culcă, nu mi-e foame!

Kommt der Ehemann nach Hause besoffen.
Die Ehefrau ihn erwartet auf Türschwelle
vorbereitet mit einer Bratpfanne in der Hand.
Zu welcher Ehemann (sagt):
„Geh du auch schlafen, nicht mir ist Hunger."

mi-e foame   Ich bin hungrig.

Un tip se trezeşte cu o mahmureală
groaznică
şi vede scris pe perete: "mâine nu beau"!
- Slavă Domnului că nu astăzi!

Ein Typ erwacht mit einem Kater
schrecklich und sieht geschrieben auf einer
Wand: „Morgen trinke ich nicht!"
Segen des Herren, daß nicht heute.
(Gelobt sei Gott)

Loteria îți dă o şansă de 1 la 20.000.000 să nu te mai duci la muncă mâine.
Băutura îți dă o şansă de 1 la 5. Ce alegi?

Die Lotterie dir gibt eine Chance von 1 zu 20 Millionen daß nicht dich mehr gehst zur Arbeit morgen.
Die Trinkerei dir gibt eine Chance von 1 zu 5. Was wählst du?

Definiția apei, în varianta unui bețiv: Apa este un lichid incolor şi insipid care se foloseşte la spălatul rufelor şi despre care unii spun că se poate bea.

Definition des Wassers, in der Variante eines Betrunkenen: Wasser ist eine Flüssigkeit farblos und geschmacklos welche man benutzt in Waschmaschine und über welche einige sagen, daß man kann trinken.

Un beţiv ajunge acasă

şi, neavând cheia, sună la uşă. Nevastă-sa,
sculată din somn, îi deschide şi îl întreabă:
- Cât e ceasul?
- Două.
La care nevastă-sa zbang-zbang îi trage două
palme peste ochi.
- Ce bine că n-am venit la 12, îşi zise beţivul în
gândul lui.

Ein Betrunkener ankommt zu Hause

und nichthabend Schlüssel, klingelt an der Tür.
Seine Frau, erhoben vom Schlaf, ihm öffnet und
ihn fragt:
„Wieviel Uhr ist es?"
„Zwei"
Worauf Frau seine peng-peng ihm zieht zwei
Fäuste über die Augen.
„Wie gut, daß nicht bin gekommen um 12", sich
sagt der Betrunkene im Gedanken seinem.

palm   Handfläche, hier paßt Faust besser
avand   habend

Un beţiv rătăceşte prin cimitir.
La un moment dat, vede un tip care se distrează
cu două gagici:
- Ascultă, frate, ai două, dă-mi şi mie una...
- Da, chiar acum, răspunde ăsta ironic.
Dacă-ţi trebuie, ia lopata şi dezgroapă-ţi

Ein Betrunkender wandelt durch einen
Friedhof.
In einem Moment gegeben, er sieht einen Typ,
welcher sich vergnügt mit zwei Mädchen.
„Höre, Bruder, du hast zwei, gib mir auch mir
eine"
„Ja, wirklich jetzt", antwortet dieser ironisch.
„Wenn du brauchst, nimm die Schaufel und
ausgrabe dir!"

Gagică   Tussi, Göre, leichtes Mädchen.

Noaptea, târziu, soţul soseşte acasă, bine
"făcut". Deschizând uşa, strigă:
- Draga mea, te rog, ţipă la mine, altfel nu
nimeresc patul pe întunericul ăsta.

In der Nacht, spät, Ehemann ankommt zu
Hause, gut gemacht (stark besoffen).
Öffnend die Tür, ruft er:
„ Liebe meine, ich bitte dich, schrei mich an,
sonst nicht treffe ich das Bett in der Dunkelheit
dieser."

Doi beţivi **scot** un om pe jumătate înecat într-un
lac.
- Vezi ce-a păţit că a băut apă!

Zwei Betrunkene **rausziehen / rausholen**
einen Mann der halb ist ertrunken in einem See.
„Siehst du was hat passiert weil hat getrunken
Wasser."

Notiz zu a scoate –rausziehen:
eu scot, tu scoti, el scoate,
noi scoatem, voi scoateţi, ei scot

Im echten Leben habe ich das Wort gelernt
vorm Pfandhaus, wo ein Rumäne sein
Verpfändetes wieder rausholte, auslöste.

- **Nu mi-am putut închipui** că whisky-ul te poate înfrumuseţa aşa de mult!
- Dar nici n-am pus gura pe băutură!
- Ştiu, eu însă sunt la al treilea pahar.

„**Nicht mir habe können vorstellen**, daß der Whisky dich könnte verschönern so von viel!"
„Aber niemals nicht ich habe gemacht Mund auf Getränke!"
„Ich weiß, ich aber bin bei dem 3. Glas."!

Beau ca să-mi înec amarul. Dar nu reuşesc pentru că nesimţitul a învăţat să înoate.

Ich trinke um zu mir ertrinken die Sorge. Aber nicht ich gelinge weil der Bastard hat gelernt zu schwimmen.

Azi dimineaţă m-a trezit nevastă-mea:
– Te-ai cam îmbătat aseară...
– Termină cu prostiile că nu eram beat,
abia dacă am băut trei beri, i-am zis.
– Bine, dacă spui tu... Dar acum, rostogoleşte-te
din faţa garajului, că trebuie să plec la serviciu!

Heute Vormittag mich hat geweckt Ehefrau
meine:
„Dich du hat ziemlich betrunken gesternabend.“
„Hör auf mit den Dummheiten, weil nicht ich
war betrunken, **kaum** ich habe getrunken drei
Biere“, ihr ich habe gesagt.
„Gut, falls sagst du... Aber jetzt, rolle dich von
Front der Garage, weil ich muss zu gehen zur
Arbeit.“

abia dacă = kaum

Miezul noptii.
Un betiv se leagana din gard in gard, cand e oprit de un politist.
– Actele la control, va rog si sa-mi spuneti unde mergeti!
Betivul se uita lung si raspunde:
– Ma duc la o conferinta despre efectele nocive ale alcoolului si despre riscul betivilor de a deveni ratati.
Politistul se uita la el fix si intreaba:
– La ora asta? Cine tine o conferinta despre asa ceva la miezul noptii?
– Nevasta-mea si mai mult ca sigur si soacra mea.

Mitternacht
Ein Betrunkener sich schwingt von Zaun zu Zaun, als er angehalten von einem Polizist.
„Dokumente bei Kontrolle, Sie ich bitte und zu mir sagen wo Sie hingehen!"
Der Betrunkene sich schaut lang und antwortet:
„Mich gehe zu einer Konferenz über die Auswirkungen schädliche durch den Alkohol und über das Risiko des Betrunkenen zu für werdend Versager."
Der Polizist sich ansieht auf ihn fixiert und er fragt:
„Zur Stunde dieser? Wer hält eine Konferenz über so etwas zu der Mitte der Nacht?"
„Gattin meine und ganz sicher auch die Schwiegermutter meine."

Un bețiv iese din bar
și se împiedică de o piatră și cade. Apoi se ridică,
însă iar cade.
Supărat, spune:
– **Dacă știam** că o să cad iar, nu mă mai ridicam!

Ein Betrunkener rausgeht von Bar und sich
stolpert von einem Stein und fällt. Dann sich
erhebt, jedoch wieder fällt.
Verärgert, er sagt:
„**Falls ich gewußt hätte**, daß werde ich fallen
wieder, nicht mich mehr aufgestände.

Doi bețivi se întâlnesc noaptea pe stradă.
– Băi, lamuriti-ma și pe mine: chestia aia albă de
pe cer, e Luna?
– Nu știu, nu sunt din cartierul acesta.

Zwei Betunkene sich treffen nachts auf einer
Straße.
„Hey, erkläre mir auch für mich: Dieses dort
weiße da auf Himmel, ist der Mond?"
„Nicht ich weiß, nicht ich bin von Viertel
diesem."

Ce îţi dai seama
că un bărbat îşi face planuri de viitor?
Când îşi cumpără 2 lăzi de bere.

Was dir gibt Zeichen daß ein Mann sich macht
Pläne der Zukunft?
Wenn sich kauft 2 Kästen von Bier.

Redewendung:
ce-ţi dai seama?   **Woran merkst du?**

Doi bețivi stăteau de vorbă:

Doi bețivi stăteau de vorbă:
– Bă, tu care boală crezi că este mai gravă,
Parkinson sau Alzheimer ?
– Eu zic că mai bine este să ai Parkinson.
– De ce?
– Păi mai bine verși jumătate de pahar până îl
duci la gură decât să uiți unde ai pus sticla.

Zwei Betrunkene unterhielten sich
„Hey, du welche Krankheit du glaubst daß ist
mehr schwer, Parkinson oder Alzheimer?
„Ich sage daß besser ist zu du hast Parkinson."
„Warum?"
„Nun, besser du verschüttest die Hälfte vom
Glas bis es geführt zum Mund, als daß du
vergißt wo du hast gestellt die Flasche"

Es gibt noch ein Witzbuch dieser Art.

Mit Blondinen
und lehrreich, wie dieses Buch

Blondinen und Rumänisch
Blondinenwitze und Rumänisch

Ulrich Greiner-Bechert
Blondinen und Rumänisch
Blondinen-Witze
auf Rumänisch und Deutsch

Oana aus Bukarest empfiehlt die beiden Bücher: